Impressum
Verlag: BABADADA GmbH, Nedderfeld 112 , 22529 Hamburg
Geschäftsführer / Verlagsleitung: Harald Hof
Druck: Books on Demand GmbH, In de Tarpen 42, 22848 Norderstedt

Imprint
Publisher: BABADADA GmbH, Nedderfeld 112 , 22529 Hamburg, Germany
Managing Director / Publishing direction: Harald Hof
Print: Books on Demand GmbH, In de Tarpen 42, 22848 Norderstedt

shule
škola

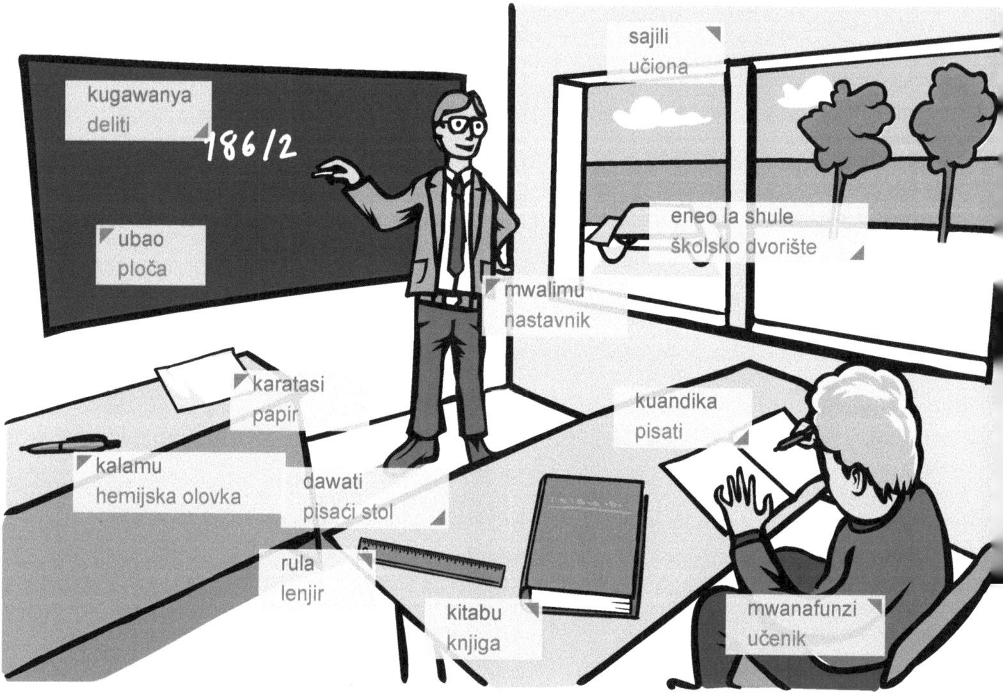
sajili
učiona
kugawanya
deliti
186/2
ubao
ploča
eneo la shule
školsko dvorište
mwalimu
nastavnik
karatasi
papir
kuandika
pisati
kalamu
hemijska olovka
dawati
pisaći stol
rula
lenjir
kitabu
knjiga
mwanafunzi
učenik

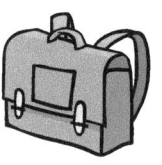

mkoba
torba

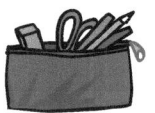

kikasha cha penseli
pernica

penseli
grafitna olovka

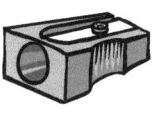

kichonga penseli
šiljilo za olovke

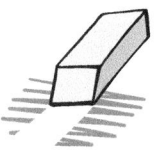

mpira
gumica za brisanje

pedi ya kuchora
blok za crtanje

uchoraji
....
crtež

brashi ya rangi
....
kist

sanduku la rangi
....
kutija sa bojama

mkasi
....
makaze

gundi
....
lepilo

daftari
....
beležnica

kazi ya nyumbani
....
domaći zadatak

nambari
....
broj

jumlisha
....
sabirati

ondoa
....
oduzimati

zidisha
....
množiti

kokotoa
....
računati

barua
....
slovo

alfabeti
....
abeceda

neno
....
reč

maandishi

tekst

kusoma

čitati

chaki

kreda

somo

čas

sajili

dnevnik

uchunguzi

ispit

cheti

svedočanstvo

sare za shule

školska uniforma

elimu

obrazovanje

elezo

leksikon

chuo kikuu

univerzitet

darubini

mikroskop

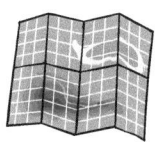

ramani

karta

kikapu cha kuweka karatasi
chafu

košara za papir

usafiri
putovanje

hoteli
hotel
Grand
hosteli
prenoćište
ROOMS
EXCHANGE
ofisi ya ubadilishanaji
menjačnica
sanduku
kofer
gari
auto

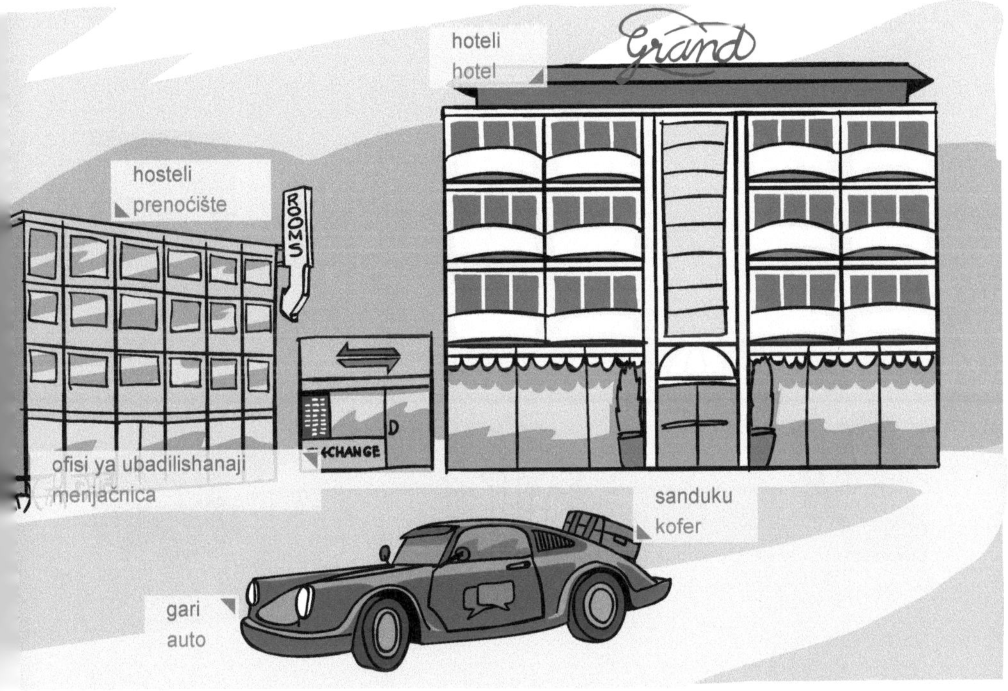

lugha
jezik

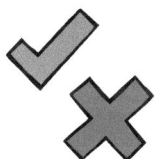

ndiyo / la
da / ne

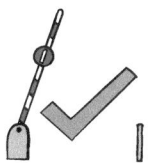

sawa
okej

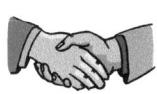

hujambo
zdravo

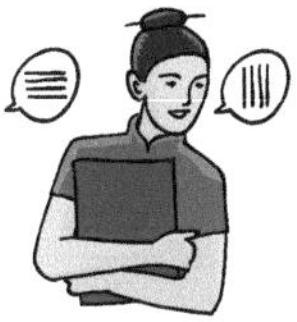

mtafsiri
prevodilac

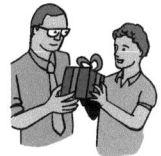

Asante
hvala

kiasi gani ni ...?

Koliko košta...?

Sielewi

ne razumem

tatizo

problem

Jioni njema!

dobro veče!

Habari za asubuhi!

Dobro jutro!

Usiku mwema!

Laku noć!

kwa heri

doviđenja

mwelekeo

smer

mizigo

prtljaga

mfuko

torba

shanta

ruksak

mgeni

gost

chumba

soba

begi la kulalia

vreća za spavanje

hema

šator

taarifa ya utalii

turističke informacije

ufuo

plaža

kadi

kreditna kartica

kifunguakinywa

doručak

chakula cha mchana

ručak

chakula cha jioni

večera

tiketi

karta za vožnju

kuinua

lift

muhuri

poštanska markica

mpaka

granica

mila

carina

ubalozi

ambasada

visa

viza

pasipoti

pasoš

usafiri
transport

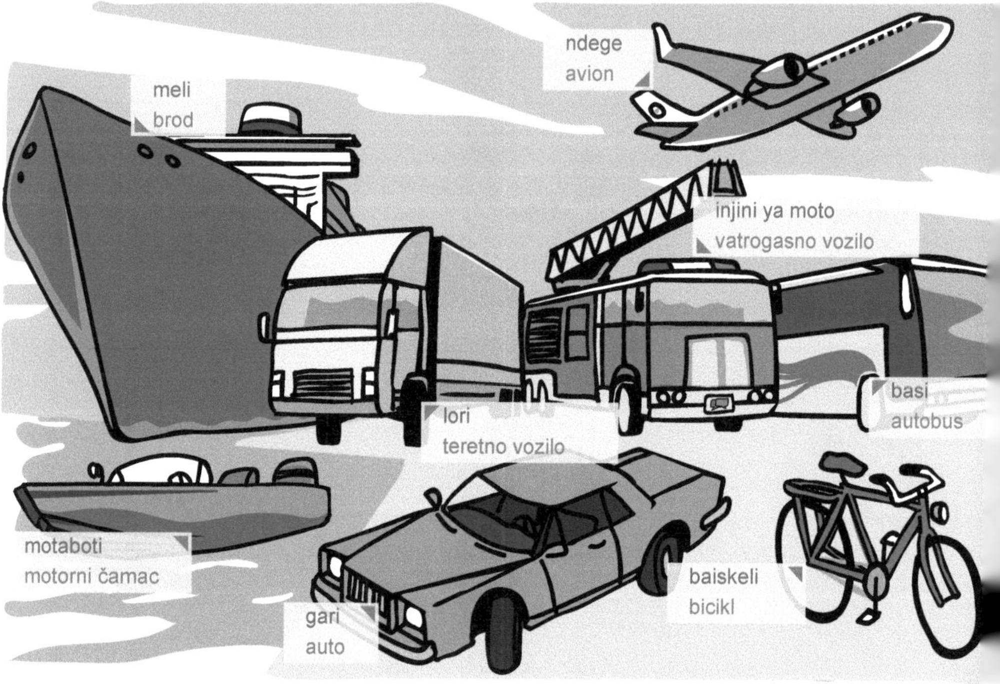
ndege
avion
meli
brod
injini ya moto
vatrogasno vozilo
basi
autobus
lori
teretno vozilo
motaboti
motorni čamac
baiskeli
bicikl
gari
auto

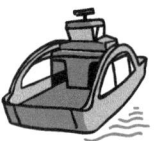

feri
trajekt

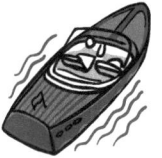

mashua
čamac

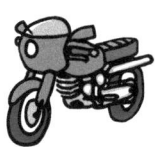

pikipiki
motocikl

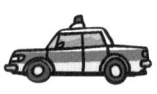

gari la polisi
policijski auto

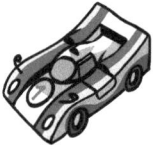

gari la mashindano
trkaći auto

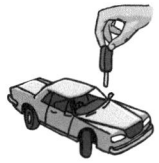

gari la kukodisha
iznajmljeno auto

kushiriki gari

delenje automobila

lori la kuvuta

vučno vozilo

ukusanyaji taka

vozilo za odvoz smeća

motor

motor

mafuta

benzin

kituo cha mafuta

benzinska stanica

ishara trafiki

saobraćajni znak

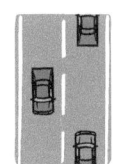

trafiki

saobraćaj

msongamano

zastoj

maegesho

parkiralište

kituo cha treni

železnička stanica

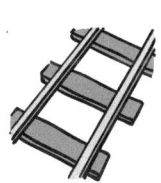

reli

šine

garimoshi

voz

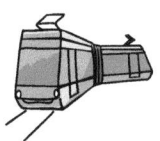

tremu

tramvaj

gari la mizigo

vagon

helikopta

helikopter

uwanja wa ndege

aerodrom

mnara

kula

abiria

putnik

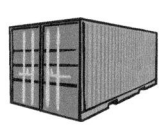

chombo

kontejner

katoni

karton

mkokoteni

kolica

kikapu

korpa

ondoka

uzleteti / sleteti

jiji

grad

kijiji

selo

katikati ya jiji

centar grada

nyumba

kuća

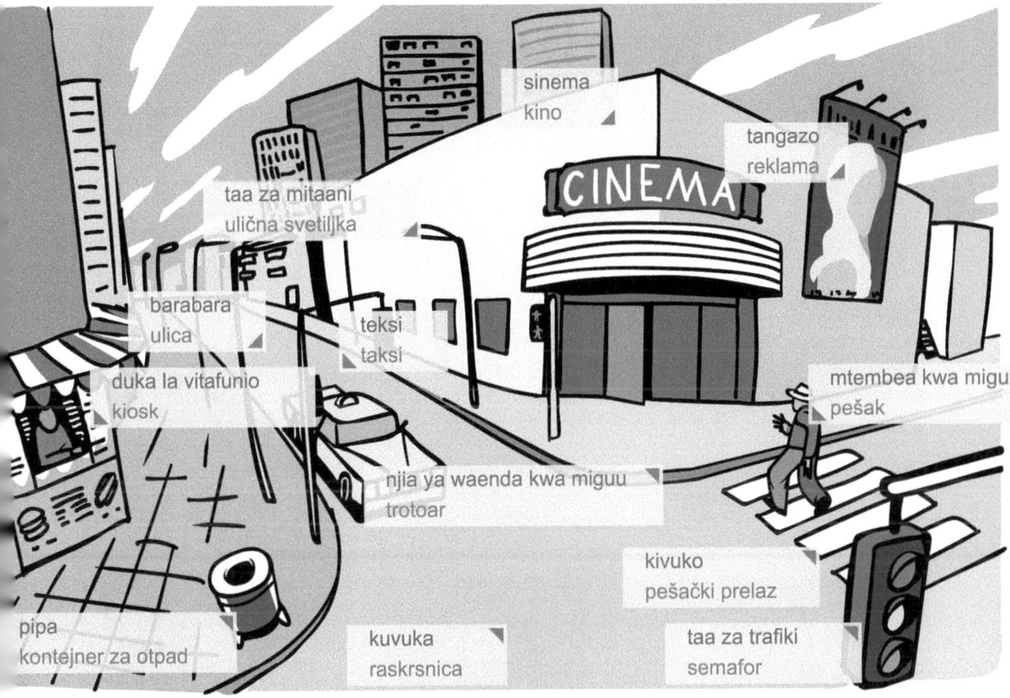

sinema
kino

tangazo
reklama

taa za mitaani
ulična svetiljka

CINEMA

barabara
ulica

teksi
taksi

duka la vitafunio
kiosk

mtembea kwa migu
pešak

njia ya waenda kwa miguu
trotoar

kivuko
pešački prelaz

pipa
kontejner za otpad

kuvuka
raskrsnica

taa za trafiki
semafor

kibanda

koliba

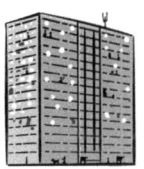

gorofa

stan

kituo cha treni

železnička stanica

ukumbi wa mji

većnica

Makavazi

muzej

shule

škola

chuo kikuu
univerzitet

benki
banka

hospitali
bolnica

hoteli
hotel

duka la dawa
apoteka

ofisi
kancelarija

duka la kitabu
knjižara

duka
prodavnica

duka la maua
cvećara

dukakuu
supermarket

soko
trg

idara ya kuhifadhi
robna kuća

mwuza samaki
ribarnica

kituo cha ununuzi
trgovački centar

bandari
luka

Hifadhi

park

bcnki

klupa

daraja

most

vidato

stepenice

chini ya ardhi

podzemna železnica

handaki

tunel

kituo cha mabasi

autobuska stanica

bar

bar

mgahawa

restoran

sanduku la posta

poštansko sanduče

ishara ya barabara

ulični znak

mita ya maegesho

parkirni automat

bustani ya wanyama

zoološki vrt

kidimbwi cha kuogelea

bazen

msikiti

džamija

shamba

seosko gazdinstvo

uchafuzi

zagađenje okoline

makaburini

groblje

kanisa

crkva

uwanja wa michezo

igralište

hekalu

hram

mazingira
pejsaž

jani
list

ishara ya mwelekeo
putokaz

njia
put

malisho
livada

jiwe
kamen

mtembeaji wa masafa
šetač

mti
drvo

mto
reka

nyasi
trava

ua
cvijet

bonde

dolina

kilima

planina

ziwa

jezero

msitu

šuma

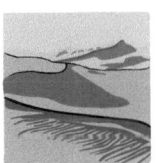

jangwa

pustinja

volkano

vulkan

ngome

dvorac

upinde wa mvua

duga

uyoga

gljiva

mtende

palma

mbu

moskito

kuruka

muva

chungu

mrav

nyuki

pčela

buibui

pauk

mende

buba

chura

žaba

kuchakuro

veverica

nungunungu

jež

sungura

zec

bundi

sova

ndege

ptica

swan

labud

nguruwe mwitu

divlja svinja

kulungu

jelen

aina ya kongoni

los

bwawa

nasip

tabo ya upepo

vetrenjača

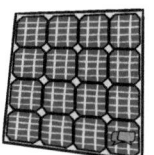

nishaji ya jua

solarna ploča

hali ya hewa

klima

16   mazingira - pejsaž

mgahawa
restoran

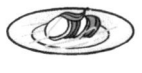

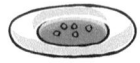

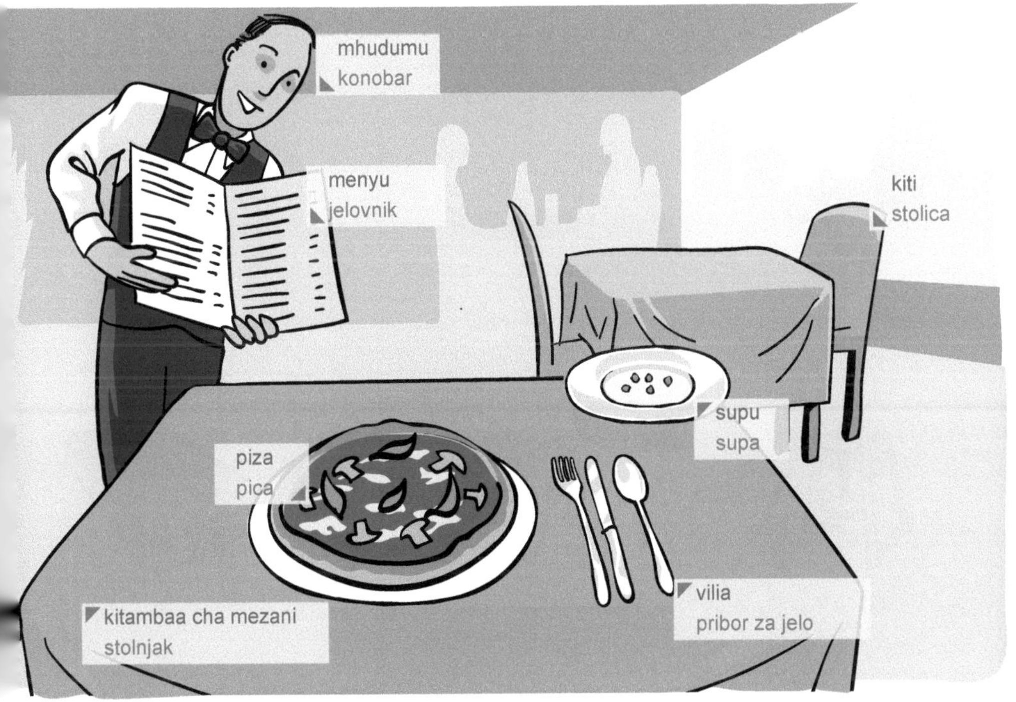
mhudumu
konobar
menyu
jelovnik
kiti
stolica
supu
supa
piza
pica
kitambaa cha mezani
stolnjak
vilia
pribor za jelo

kiamsha hamu
predjelo

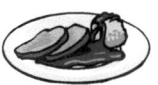

kozi kuu
glavno jelo

kitindamlo
desert

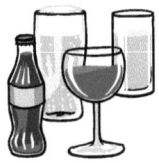

vinywaji
napitci

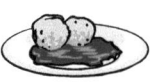

chakula
jelo

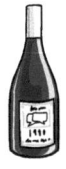

chupa
flaša

chakula cha haraka

brza hrana

Streetfood

imbis hrana

buli

čajnik

kisanduku cha sukari

doza za šećer

sehemu

porcija

mashine ya espresso

aparat za espresso

kiti kirefu

visoka stolica

muswada

račun

trei

poslužavnik

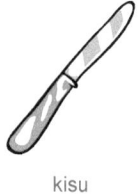

kisu

nož

uma

viljuška

kijiko

kašika

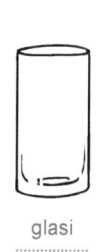

kijiko cha chai

čajna kašika

nepi

salveta

glasi

čaša

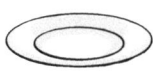

sahani
tanjir

sahani ya supu
tanjir za supu

sufuria
tanjirić

mchuzi
sos

kichanyaji chumvi
soljenka

kinu cha pilipili
mlin za biber

siki
sirće

mafuta
ulje

viungo
začini

kechapu
kečap

haradali
senf

kachumbari nzito
majoneza

dukakuu

supermarket

ofa maalum
ponuda
FOR
mteja
kupac
maziwa
mlečni proizvodi
matunda
voće
toroli
kolica za kupovinu

BUTCHERS

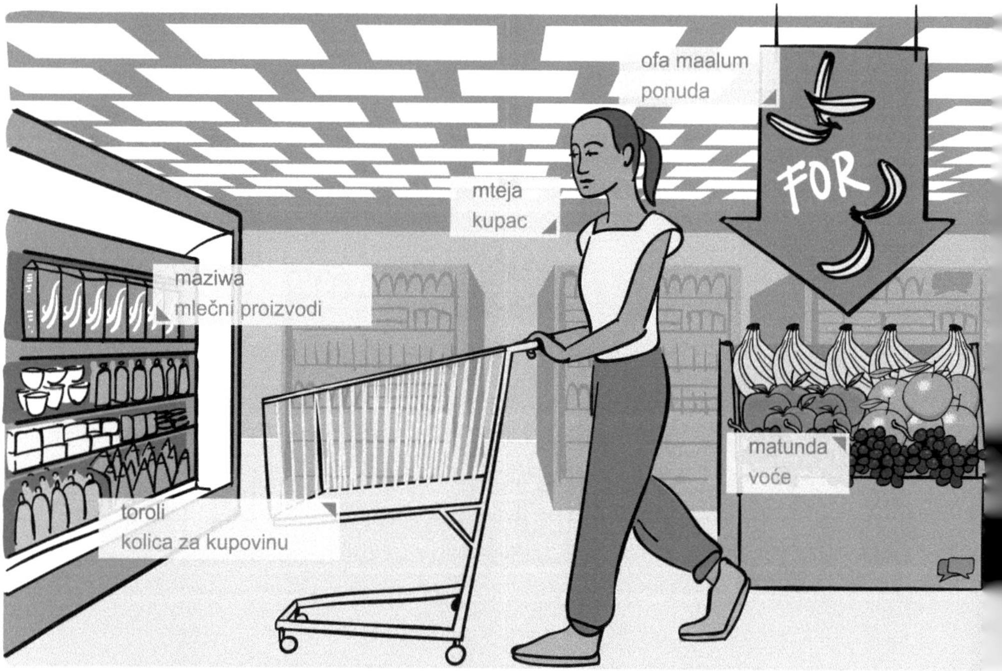

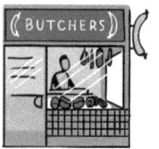

mchinjaji

mesnica

BAKERY

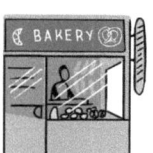

mwokaji

pekara

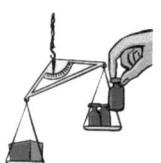

uzito

vagati

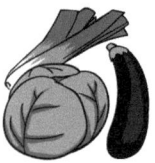

mboga

povrće

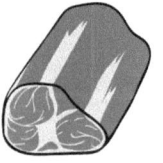

nyama

meso

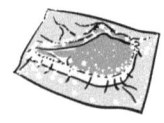

chakula waliohifadhiwa

smrznuta hrana

pande vya nyama baridi

narezak

chakula cha kopo

konzerve

sabuni ya unga

sredstvo za pranje

pipi

slatkiši

bidhaa za kaya

artikli za domaćinstvo

bidhaa za kusafisha

sredstva za čišćenje

mtu mauzo

prodavačica

mpaka

blagajna

keshia

blagajnik

orodha ya manunuzi

lista za kupovinu

masaa ya ufunguzi

vreme rada

mkoba

novčanik

kadi

kreditna kartica

mfuko

torba

mfuko wa plastiki

plastična kesa

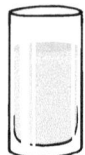

maji

voda

sharubati

sok

maziwa

mleko

coke

kola

mvinyo

vino

bia

pivo

pombe

alkohol

kakao

kakao

chai

čaj

kahawa

kava

spreso

espresso

kapuchino

cappuccino

ndizi

banana

tufaha

jabuka

machungwa

narandža

tikiti

lubenica

lemon

limun

karoti

šargarepa

kitunguu saumu

beli luk

mianzi

bambus

kitunguu

luk

uyoga

gljiva

karanga

orašasti plodovi

nudo

rezanci

spageti

špagete

mpunga

riža

saladi

salata

vibanzi

pomfrit

viazi vya kukaanga

pečeni krumpir

piza

pica

hambaga

hamburger

sandwichi

sendvič

kipande

šnicla

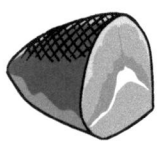

paja la mnyama

šunka

salami

salama

soseji

kobasica

kuku

kokoš

choma

pečenje

samaki

riba

oats ya uji

zobene pahuljice

muesli

musli

cornflakes

kukuruzne pahuljice

unga

brašno

kroisanti

kroasan

andazi

pecivo

mkate

hleb

mkate wa kubanika

toast

biskuti

keksi

siagi

maslac

maziwa mgando

sveži sir

keki

kolač

yai

jaje

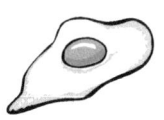

yai kukaanga

jaje na oko

jibini

sir

aiskrimu

sladoled

sukari

šećer

asali

med

jemu

marmelada

kuenea kwa chokoleti

nugat krema

mchuzi wa viungo

kari

shamba

seosko gazdinstvo

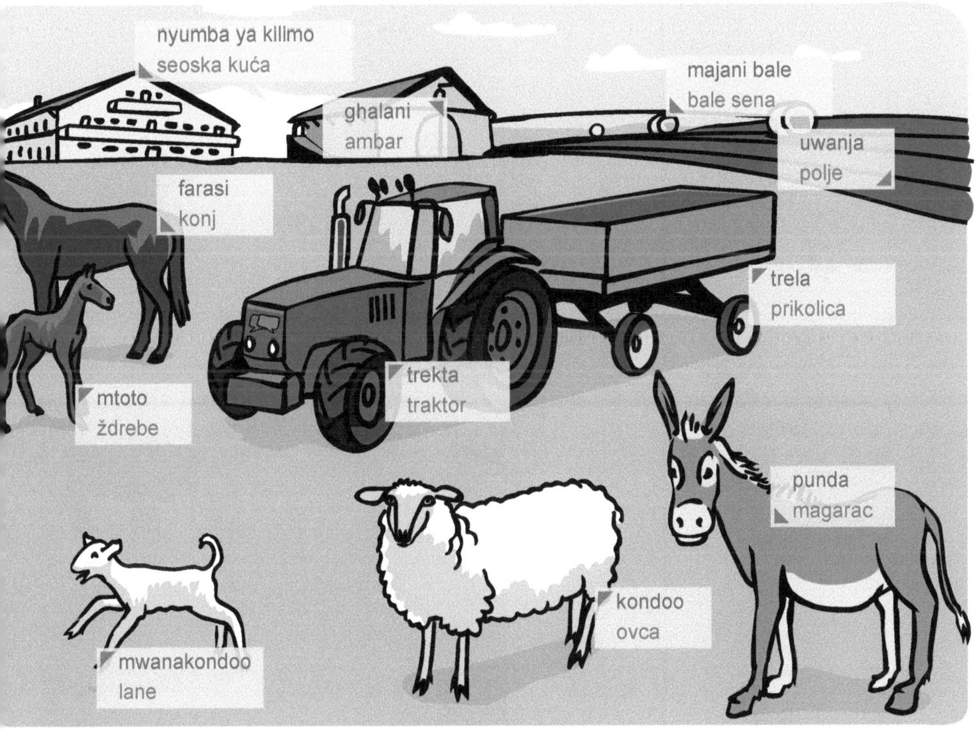
nyumba ya kilimo
seoska kuća
ghalani
ambar
majani bale
bale sena
uwanja
polje
farasi
konj
trela
prikolica
trekta
traktor
mtoto
ždrebe
punda
magarac
kondoo
ovca
mwanakondoo
lane

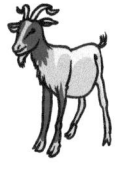

mbuzi

koza

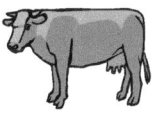

ng'ombe

krava

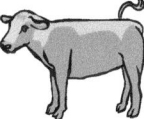

ndama

tele

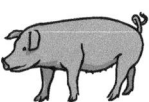

nguruwe

svinja

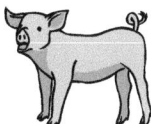

mwananguruwe

prase

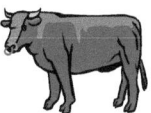

fahali

bik

batabukini

guska

bata

patka

kifaranga

pilići

kuku

kokoš

jogoo

petao

panya

pacov

paka

mačka

panya

miš

ng'ombe

vol

mbwa

pas

nyumba ya mbwa

kućica za psa

bomba la bustani

vrtno crevo

debe la kumwagilia maji

kanta za polivanje

fyekeo

kosa

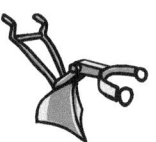

kulima

plug

mundu

srp

jembe

motika

uma wa nyasi

viljuška za đubrivo

shoka

sekira

toroli

tačke

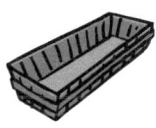

kupitia nyimbo

korito

chombo cha maziwa

posuda za mleko

gunia

vreća

ua

ograda

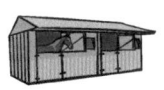

imara

štala

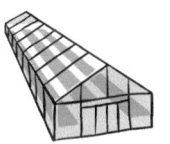

chafu

staklenik

udongo

zemlja

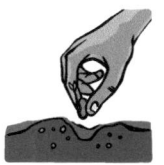

mbegu

seme

mbolea

đubrivo

kivunaji

kombajn

shamba - seosko gazdinstvo

mavuno
žeti

mavuno
žetva

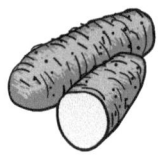

viazi vikuu
jams začin

ngano
pšenica

soya
soja

viazi
krumpir

mahindi
kukuruz

rapa
uljana repica

mti wa matunda
voćka

muhogo
gomolj manioke

nafaka
žitarice

nyumba
kuća

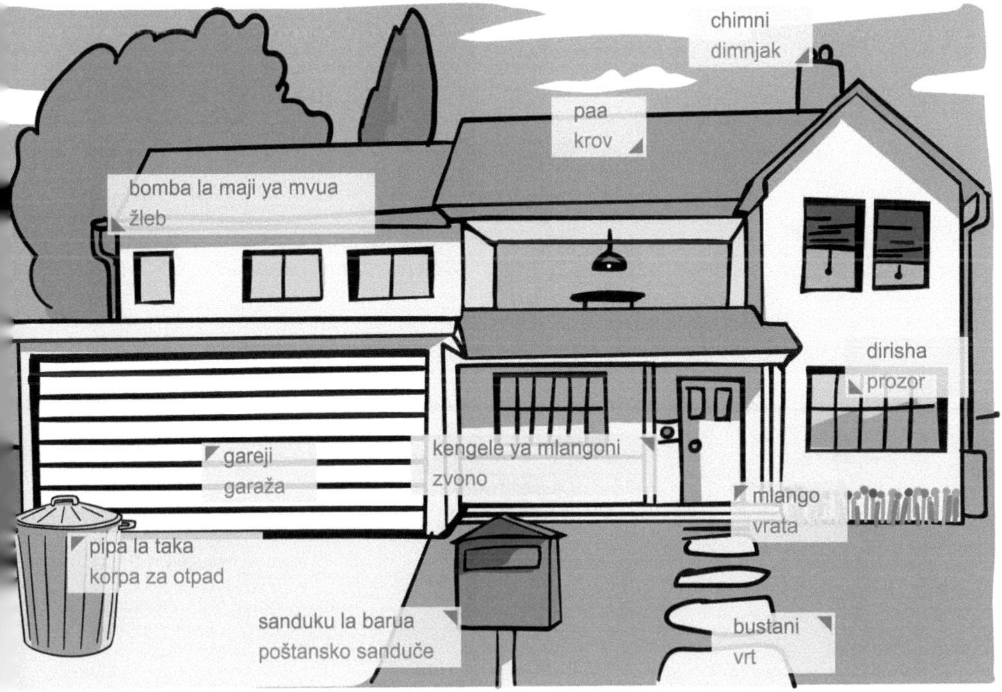

chimni
dimnjak
paa
krov
bomba la maji ya mvua
žleb
dirisha
prozor
gareji
garaža
kengele ya mlangoni
zvono
mlango
vrata
pipa la taka
korpa za otpad
sanduku la barua
poštansko sanduče
bustani
vrt

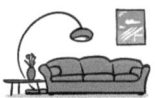

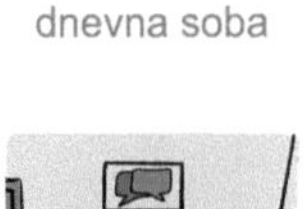

sebuleni

dnevna soba

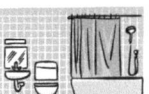

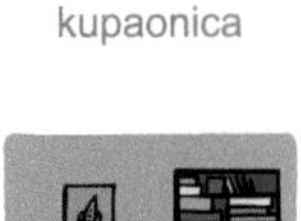

bafu

kupaonica

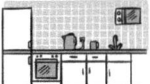

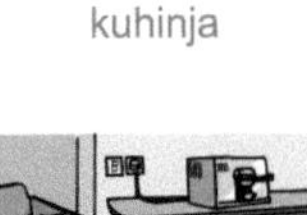

jikoni

kuhinja

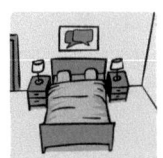

chumba cha kulala

spavaća soba

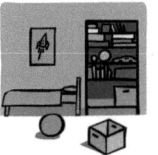

chumba ya mtoto

dečija soba

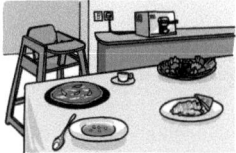

chumba cha kulia

trpezarija

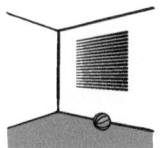

sakafu

pod

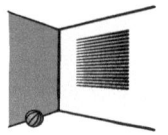

ukuta

zid

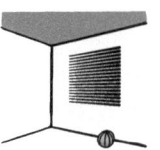

dari

strop

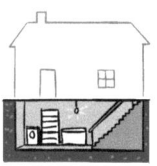

pishi

podrum

sauna

sauna

roshani

balkon

mtaro

terasa

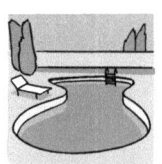

kidimbwi

bazen

mashine ya kukata nyasi

kosilica za travu

karatasi

posteljina za krevet

kitambaa cha kupamba
kitanda

deka za krevet

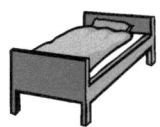

kitanda

krevet

ufagio

metla

ndoo

kanta

kubadili

prekidač

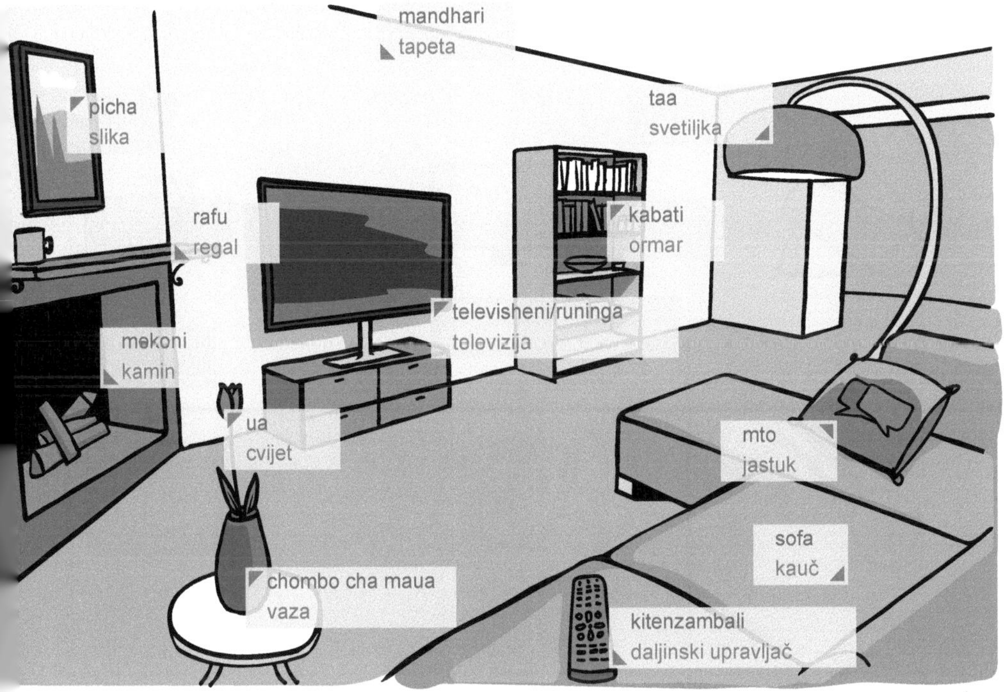

mandhari
tapeta

picha
slika

taa
svetiljka

rafu
regal

kabati
ormar

mekoni
kamin

televisheni/runinga
televizija

ua
cvijet

mto
jastuk

sofa
kauč

chombo cha maua
vaza

kitenzambali
daljinski upravljač

zulia

tepih

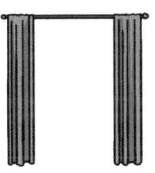

pazia

zavesa

meza

sto

kiti

stolica

kiti cha bembea

stolica za njihanje

armchair

fotelja

kitabu
knjiga

blanketi
deka

mapambo
dekoracija

kuni
drvo za ogrev

filamu
film

kifaa cha hi-fi
hi-fi uređaj

ufunguo
ključ

gazeti
novine

uchoraji
slika na platnu

bango
poster

redio
radio

daftari
blok za pisanje

kifyonza
usisivač

dungusi kakati
kaktus

mshumaa
sveća

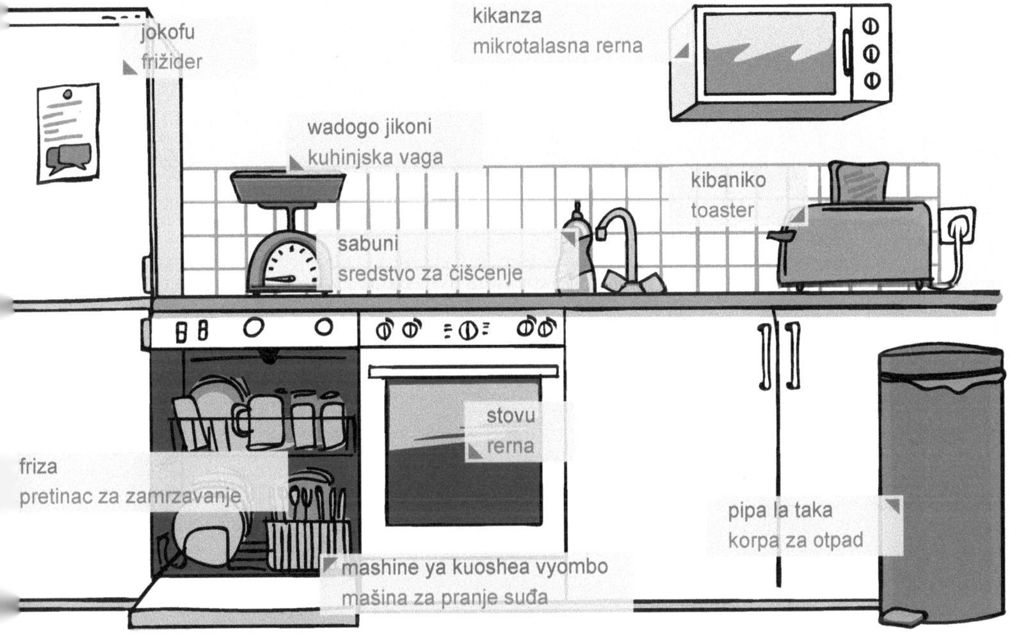

jokofu
frižider

kikanza
mikrotalasna rerna

wadogo jikoni
kuhinjska vaga

kibaniko
toaster

sabuni
sredstvo za čišćenje

stovu
rerna

friza
pretinac za zamrzavanje

pipa la taka
korpa za otpad

mashine ya kuoshea vyombo
mašina za pranje suđa

jiko la kupika
šporet

chungu
lonac

sufuria ya chuma
gvozdeni lonac

wok / kadai
wok / kadai

kaango
tava

birika
kuvalo za vodu

stima

kuvalo na paru

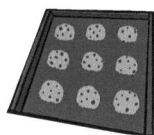

sinia ya kuoka

lim za pečenje

vyombo vya udongo

posuđe

kombe

čaša

bakuli

posuda

vijiti vya kulia

štapići za jelo

ukawa

kutlača

mwiko mpana

lopatica

burashi

penjača

kichujio

sito za kuvanje

chujio

sito

mbuzi

ribež

chokaa

mužar

barbeque

roštilj

moto wazi

ognjište

ubao wa majaribio

daska

kijiti cha kusukuma unga

oklagija

kizibuo

vadičep

kopo

konzerva

inaweza kopo

otvarač konzervi

kishikio cha chungu

krpa za lonac

karo

sudoper

brashi

četka

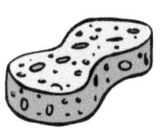

sifongo

sunđer

kisagaji matunda

mikser

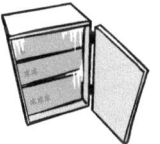

friji ya kina

zamrzivač

chupa ya mtoto

flašica za bebe

bomba

slavina za vodu

jikoni - kuhinja

bafu
kupaonica

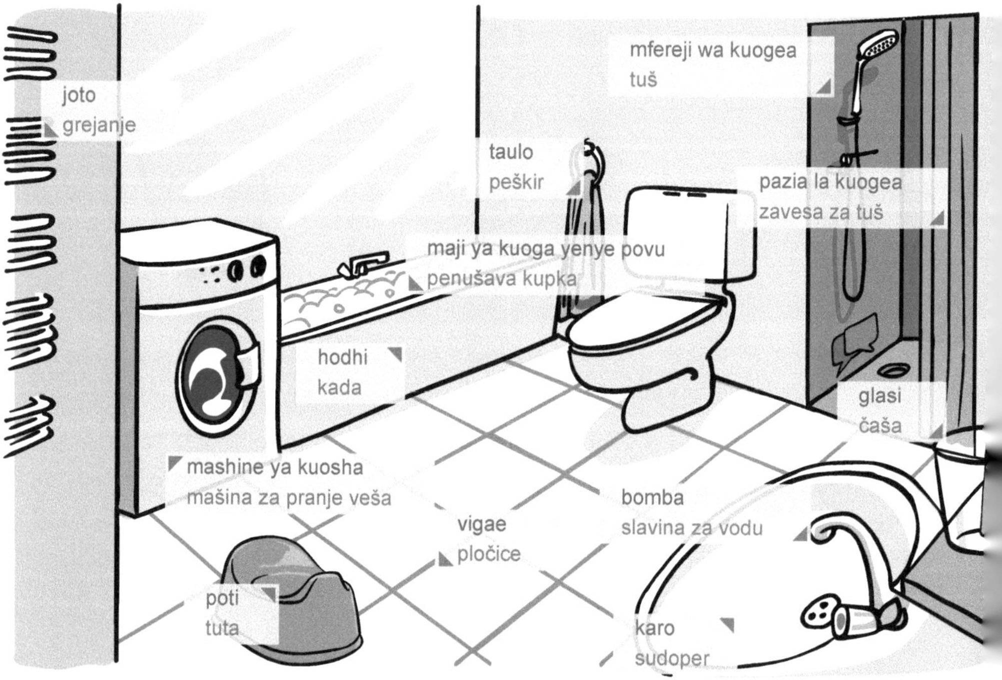

joto
grejanje
mfereji wa kuogea
tuš
taulo
peškir
pazia la kuogea
zavesa za tuš
maji ya kuoga yenye povu
penušava kupka
hodhi
kada
glasi
čaša
mashine ya kuosha
mašina za pranje veša
bomba
slavina za vodu
vigae
pločice
poti
tuta
karo
sudoper

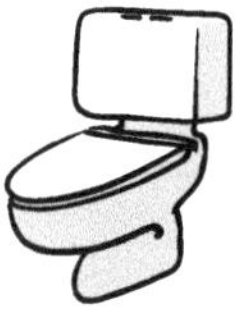

choo
toalet

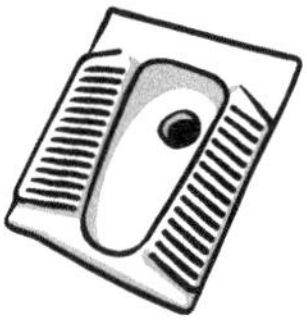

choo cha squat
čučavac

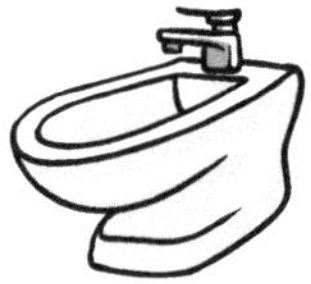

beseni la mviringo
bidet

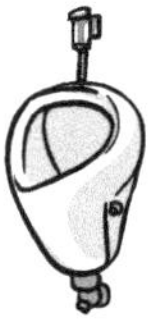

choo cha umma
pisoar

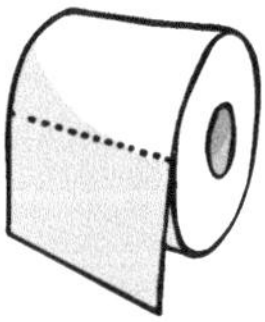

shashi
toaletni papir

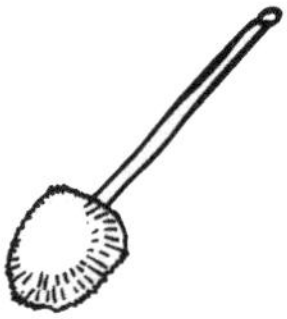

brashi ya choo
četka za toalet

mswaki

četkica za zube

dawa ya meno

pasta za zube

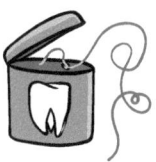

dawa ya meno

konac za zube

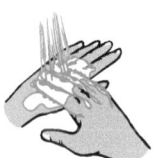

safisha

prati

kuoga mkono

tuš ručica

msukumo wa maji

tuš za pranje intimnih delova

bonde

lavor

mpako wa pili

četka za pranje leđa

sabuni

sapun

jeli ya kuogea

gel za tuširanje

shampuu

šampon

flana

krpa za pranje

toa maji

odvod

krimu

krema

kiondoa harufu

dezodorans

kioo
ogledalo

kioo mkono
kozmetičko ogledalo

kinyozi
brijač

povu la kunyoa
pena za brijanje

baada ya kunyoa
losion za posle brijanja

kichana
češalj

brashi
četka

kikausha nywele
fen za kosu

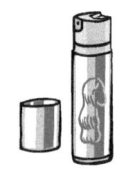

marashi ya nyewele
sprej za kosu

vipodozi
makeup

kidomwa
ruž za usne

varnish ya msumari
lak za nokte

pamba
vata

mkasi wa kucha
makaze za nokte

manukato
parfem

mkoba wa kuosha

kozmetička torbica

kinyesi

stolica

mizani

vaga

nguo ya kuoga

ogrtač

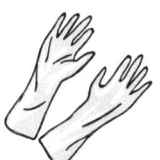

glavu za mpira

rukavice za čišćenje

kisodo

tampon

sodo

uložak

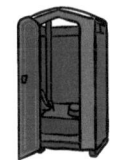

kemikali choo

hemijski toalet

chumba ya mtoto

dečija soba

saa ya kengele
budilnik
kidoli cha kupakata
plišana igračka
gari bandia
auto igračka
kelele
zvečka
chumba cha midoli
kućica za lutke
sasa
poklon

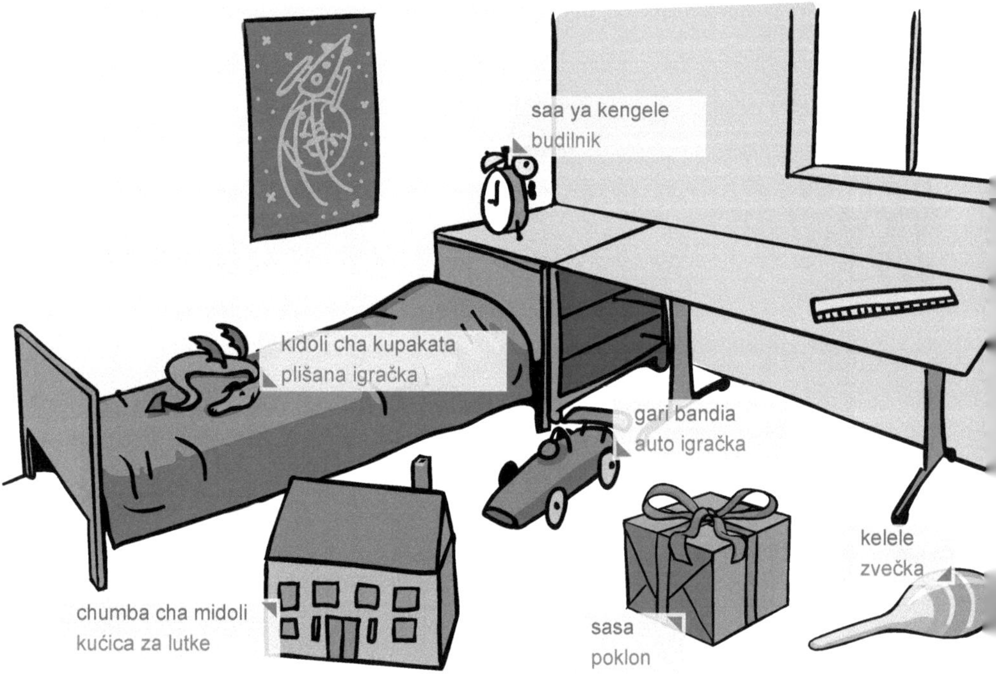

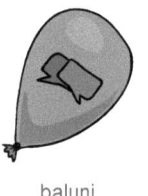

baluni

balon

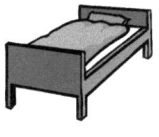

kitanda

krevet

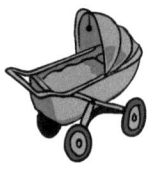

mashua

dječija kolica

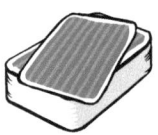

staha ya kadi

igra s kartama

mchezo-fumb

slagalica

SUPER
MEGA

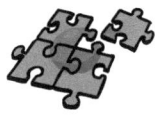

vichekesho

strip

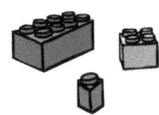

matofali lego
lego kockice

vitalu mwigo
kockice za slaganje

hatua takwimu
akcioni junak

suti ya kulalia
benkica za bebe

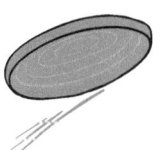

kisahani
frizbi

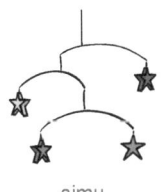

simu
viseće igračke

ubao wa michezo
društvene igre

kete
kocka

garimoshi mwigo
minijaturna željeznica

dummy
duda

chama
zabava

picha kitabu
slikovnica

mpira
lopta

kikaragosi
lutka

kucheza
igrati

shimo la mchanga

pješčanik

bembea

ljuljačka

vitu bandia

igračka

kiweko cha video ya mchezo

konzola za igre

baiskeli ya magurudumu

tricikl

matatu

mwanasesere

tedi

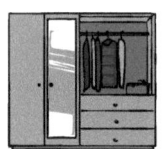

kabati

ormar

soksi

kratke čarape

stokingi

čarape

kibano

hulahopke

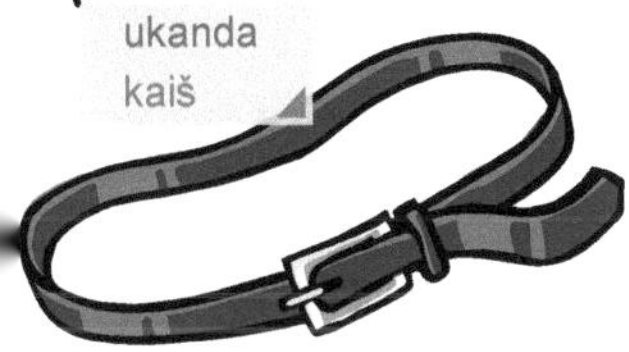

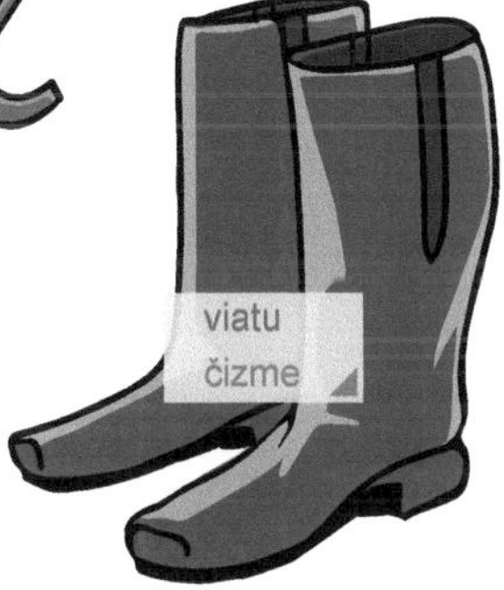

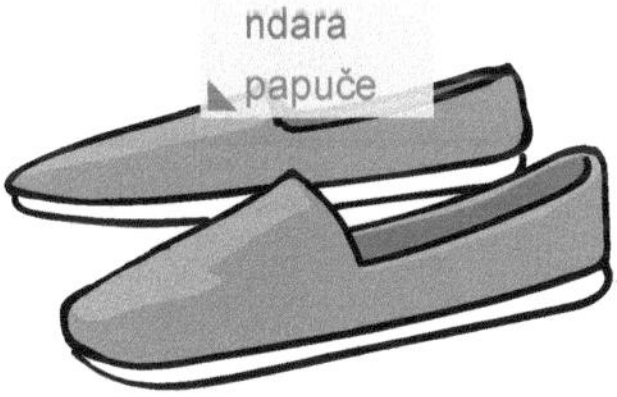

skafu
šal

mwavuli
kišobran

ukanda
kaiš

fulana
majica

viatu
čizme

ndara
papuče

wakufunzi
patike

malapa

sandale

viatu

cipele

mabuti ya mpira

gumene čizme

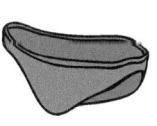

suruali ya ndani

gaćice

sidiria

grudnjak

fulana

potkošulja

mwili

bodi

suruali

pantalone

dangirizi

farmerke

sketi

suknja

blauzi

bluza

shati

košulja

vuta

džemper

sweta

džemper s kapuljačom

bleza

sako

jaketi

jakna

koti

kaput

koti la mvua

kabanica

maleba

kostim

gauni

haljina

mavazi ya harusi

venčanica

suti

odelo

vazi la usiku

spavaćica

pajama

pidžama

sari

sari

skafu

marama za glavu

kilemba

turban

burka

burka

kaftan

kaftan

abaya

abaja

vazi la kuogelea

kupaći kostim

vazi la kiume la kuogelea

kupaće qaćice

kaptura

kratke pantalone

teitei

odeća za trening

aproni

kecelja

glavu

rukavice

kifungo

dugme

glasi

naočare

bangili

narukvica

mkufu

ogrlica

pete

prsten

herini

naušnica

kofia

kapa

kiango cha koti

vešalica

kofia

šešir

tai

kravata

zipu

patent zatvarač

kofia

kaciga

kanda za suruali

naramenice

sare za shule

školska uniforma

sare

uniforma

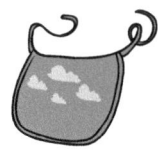

bibu

podbradak

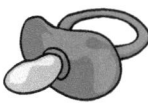

dummy

duda

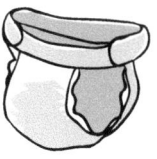

nepi

pelena

ofisi
kancelarija

seva
server
kabati la kuweka faili
ormar za spise
kichapishaji
štampač
aratasi
apir
kiwambo
monitor
kipanya
miš
dawati
pisaći stol
folda
mapa
kibodi
tastatura
a kuweka karatasi chafu
a papir
kompyuta
kompjuter
kiti
stolica

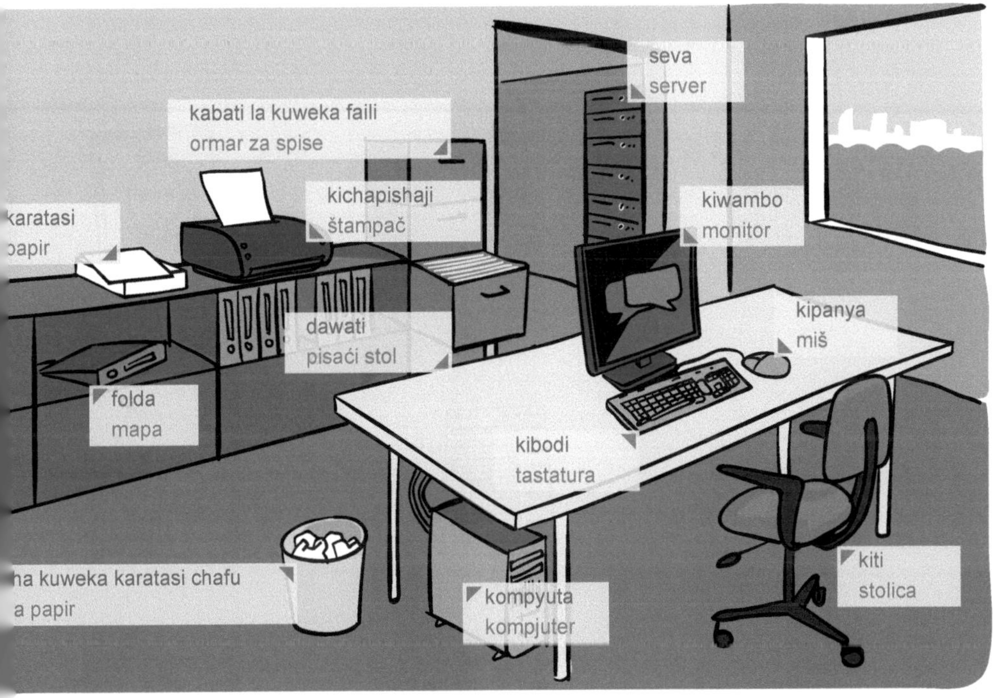

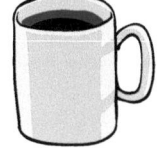

kmobe la kahawa

šalica za kavu

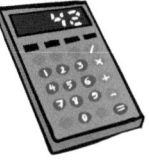

kikokotoo

kalkulator

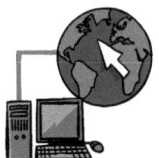

biashara

internet

mbali
....
laptop

barua
....
pismo

ujumbe
....
poruka

rununu
....
mobilni telefon

intaneti
....
mreža

fotokopia
....
uređaj za kopiranje

programu
....
softver

simu
....
telefon

soketi
....
utičnica

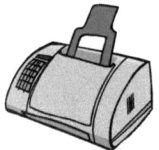

kipepesi
....
faks

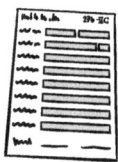

fomu
....
formular

hati
....
dokument

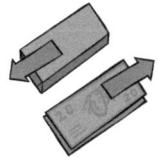

kununua
....
kupovati

kulipa
....
platiti

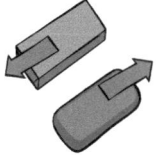

biashara
....
trgovati

fedha
....
novac

dola
....
dolar

yuro
....
evro

yeni
....
jen

rouble
....
rublja

faranga ya Uswisi
....
švajcarski franak

renminbi yuan
....
renmindbi juan

rupia
....
rupija

eneo la kulipia
....
automat za novac

ofisi ya ubadilishanaji

menjačnica

dhahabu

zlato

fedha

srebro

mafuta

nafta

nishati

energija

bei

cena

mkataba

ugovor

kodi

porez

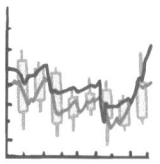

bidhaa

deonica

kazi

raditi

mfanyakazi

službenik

mwajiri

poslodavac

kiwanda

fabrika

duka

prodavnica

kazi

zanimanja

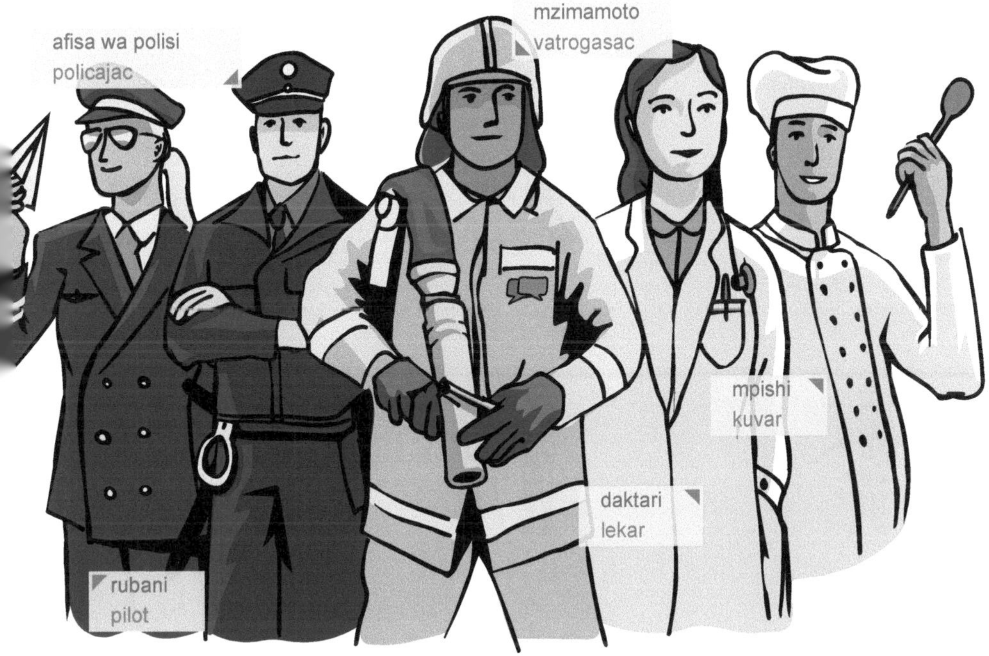
afisa wa polisi
policajac
mzimamoto
vatrogasac
mpishi
kuvar
daktari
lekar
rubani
pilot

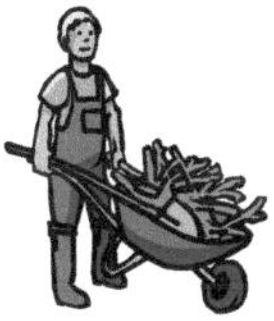

mtunza bustani

vrtlar

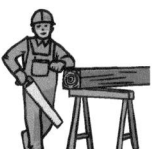

seremala

stolar

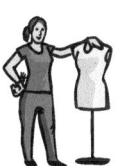

mshonaji

krojačica

hakimu

sudija

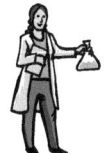

mwanakemia

hemičar

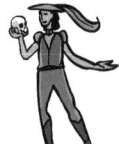

muigizaji

glumac

dereva wa basi

vozač autobusa

dereva wa teksi

vozač taksija

mvuvi

ribar

mwanamke wa kusafisha

čistačica

mwezekaji

krovopokrivač

mhudumu

konobar

mwindaji

lovac

mchoraji

slikar

mwokaji

pekar

umeme

električar

mjenzi

građevinski radnik

mhandisi

inženjer

mchinjaji

mesar

fundi bomba

limar

mwanaposta

poštar

mwanajeshi

vojnik

msanifu majengo

arhitekta

keshia

blagajnik

muuza maua

cvećar

msusi

frizer

kondakta

kondukter

mekanika

mehaničar

nahodha

kapetan

daktari wa meno

zubar

mwanasayansi

naučnik

rabbi

rabi

imamu

imam

mtawa

monah

kasisi

svećenik

zana

alati

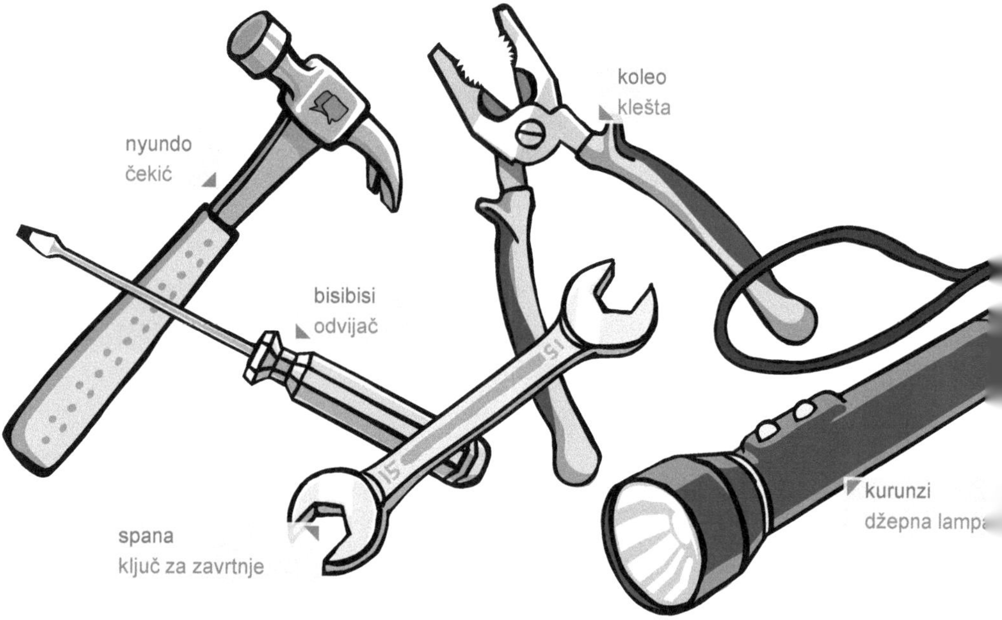
nyundo
čekić
koleo
klešta
bisibisi
odvijač
spana
ključ za zavrtnje
kurunzi
džepna lamp

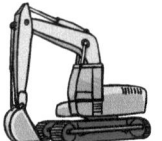

mchimbaji

bager

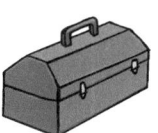

sanduku la vifaa

kutija za alat

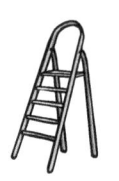

ngazi

merdevine

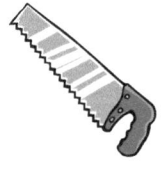

msumeno

pila

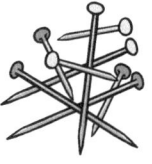

misumari

ekser

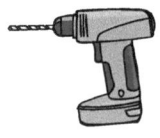

kuchimba visima

bušilica

kukarabati
....
popraviti

sepetu
....
lopata

Lo!
....
do đavola!

kishikio cha uchafu
....
lopatica

chungu cha rangi
....
lonac za boju

skurubu
....
zavrtanji

ala za muziki
muzički instrument

mpangilio wa ngoma
bubnjevi

spika
zvučnik

besi mara mbili
kontrabas

tarumbeta
truba

gita
gitara

piano

klavir

fidla

violina

ubeji

bas

timpani

timpani

ngoma

udaraljke za bubnjeve

kibodi

tipke klavira

saksafoni

saksofon

filimbi

flauta

maikrofoni

mikrofon

bustani ya wanyama
zoološki vrt

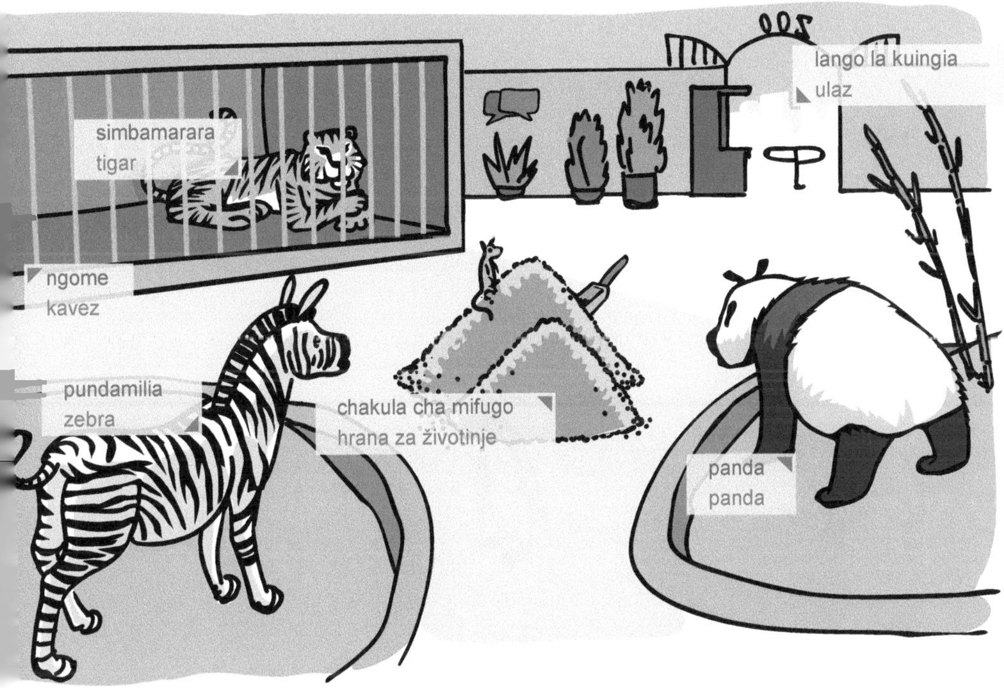
lango la kuingia
ulaz
simbamarara
tigar
ngome
kavez
pundamilia
zebra
chakula cha mifugo
hrana za životinje
panda
panda

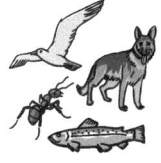

wanyama

životinje

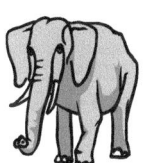

tembo

slon

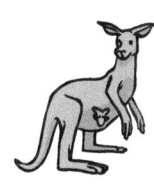

kangaruu

kengur

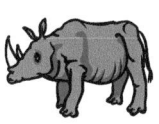

kifaru

nosorog

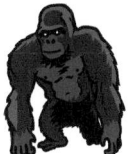

sokwe

gorila

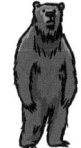

dubu

medved

ngamia

kamila

mbuni

noj

simba

lav

tumbili

majmun

heroe

flamingo

kasuku

papagaj

dubu

polarni medved

penguini

pingvin

papa

ajkula

tausi

paun

nyoka

zmija

mamba

krokodil

mtunza wanyama

čuvar u zoološkom vrtu

muhuri

tuljan

jaguar

jaguar

mwanafarasi
poni

chui
leopard

kiboko
nilski konj

twiga
žirafa

tai
orao

nguruwe mwitu
divlja svinja

samaki
riba

kobe
kornjača

sili
morž

mbweha
lisica

paa
gazela

soka ya marekani
američki nogomet

uendeshaji baiskeli
biciklizam

tenisi
tenis

mpira wa kikapu
košarka

kuogelea
plivanje

ndondi
boks

magongo ya barafuni
hokej na ledu

soka
fudbal

vinyoya
badminton

riadha
atletika

mpira wa mikono
rukomet

skii
skijanje

polo
polo

kuruka
skočiti

kumbatia
zagrliti

cheka
smejati se

kutembea
ići

kuimba
pevati

ota ndoto
sanjati

kuomba
moliti se

busu
poljubiti

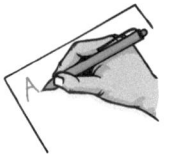

kuandika

pisati

kutoka

crtati

angalia

pokazati

sukuma

gurati

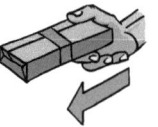

kutoa

dati

kuchukua

uzeti

kuwa
....
imati

fanya
....
činiti

kuwa
....
biti

kusimama
....
stojati

kukimbia
....
trčati

vuta
....
povlačiti

kutupa
....
baciti

kuanguka
....
padati

hadaa
....
ležati

kusubiri
....
čekati

kubeba
....
nositi

kukaa
....
sediti

vaa nguo
....
oblačiti

usingizi
....
spavati

kuamka
....
probuditi se

kuangalla

gledati

lia

plakati

kiharuзi

milovati

chana nywele

češljati

ongea

govoriti

kuelewa

razumeti

kuuliza

pitati

kusikiliza

slušati

kunywa

piti

kula

jesti

nadhifisha

pospremiti

upendo

voleti

mpishi

kuhati

gari

voziti

kuruka

leteti

meli

ploviti

kokotoa

računati

kusoma

čitati

kujifunza

učiti

kazi

raditi

kuoa

venčati se

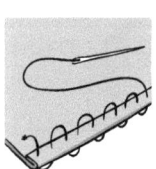

kushona

šiti

piga mswaki

prati zube

kuua

ubiti

moshi

pušiti

kutuma

poslati

familia
porodica

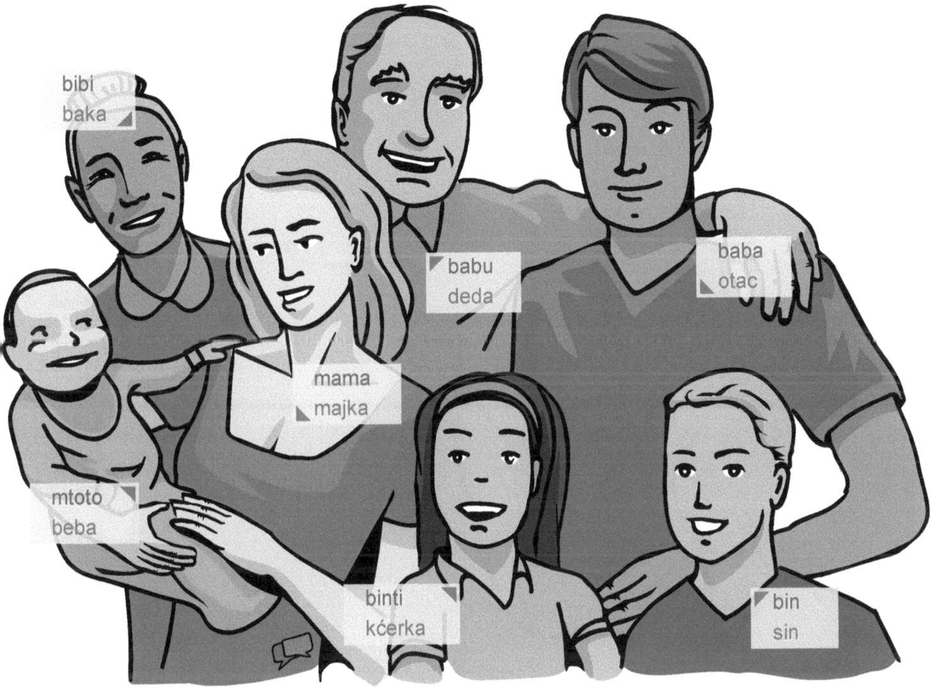
bibi
baka
babu
deda
baba
otac
mama
majka
mtoto
beba
binti
kćerka
bin
sin

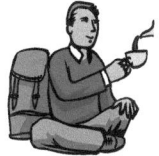

mgeni
gost

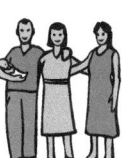

shangazi
tetka

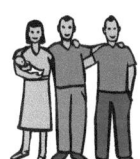

mjomba
ujak, stric

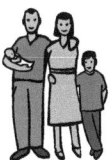

kaka
brat

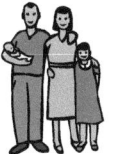

dada
sestra

mwili

telo

paji la uso
čelo
jicho
oko
bega
rame
kidole
prst
uso
lice
kidevu
brada
mkono
ruka
matiti
grudi
mguu
noga
mkono
ruka

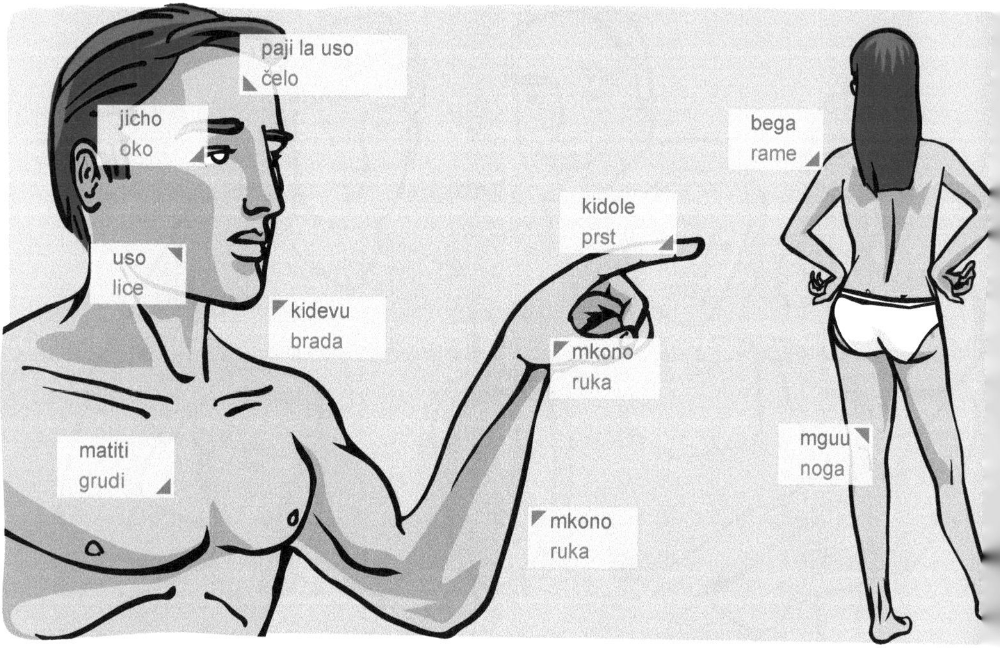

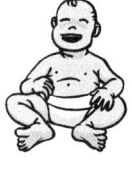

mtoto

beba

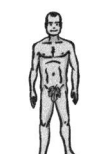

mwanamume

muškarac

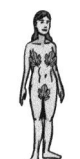

mwanamke

žena

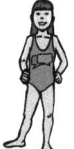

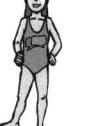

msichana

devojčica

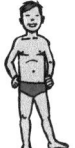

mvulana

dečak

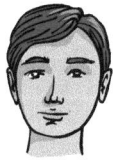

kichwa

glava

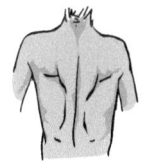

nyuma

leđa

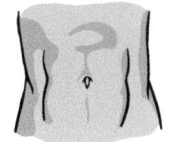

tumbo

stomak

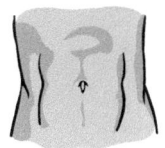

kitovu

pupak

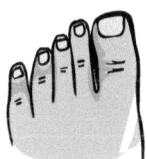

chano

nožni prst

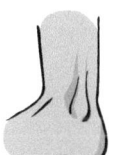

kisigino

peta

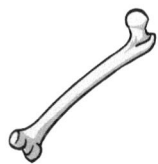

mfupa

kost

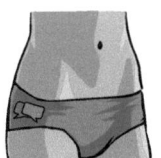

nyonga

kukovi

goti

koleno

kiwiko

lakat

pua

nos

chini

zadnjica

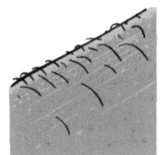

ngozi

koža

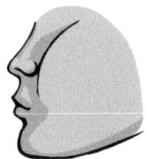

shavu

obraz

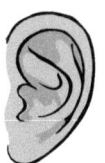

sikio

uvo

mdomo

usna

kinywa

usta

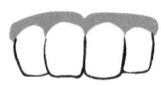

jino

zub

ulimi

jezik

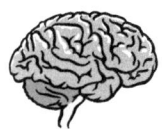

ubongo

mozak

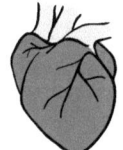

moyo

srce

misuli

mišić

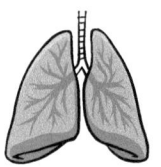

pafu

pluća

ini

jetra

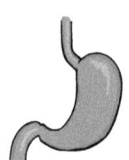

tumbo

želudac

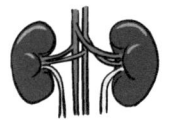

figo

bubrezi

jinsia

polni odnos

kondomu

kondom

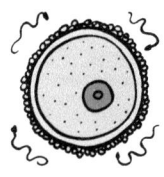

ovari

jajna ćelija

shahawa

sperma

mimba

trudnoća

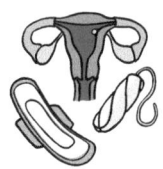

hedhi

menstruacija

uke

vagina

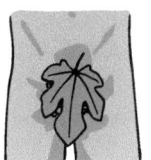

uume

penis

unyusi

obrva

nywele

kosa

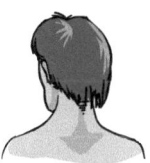

shingo

vrat

hospitali
bolnica

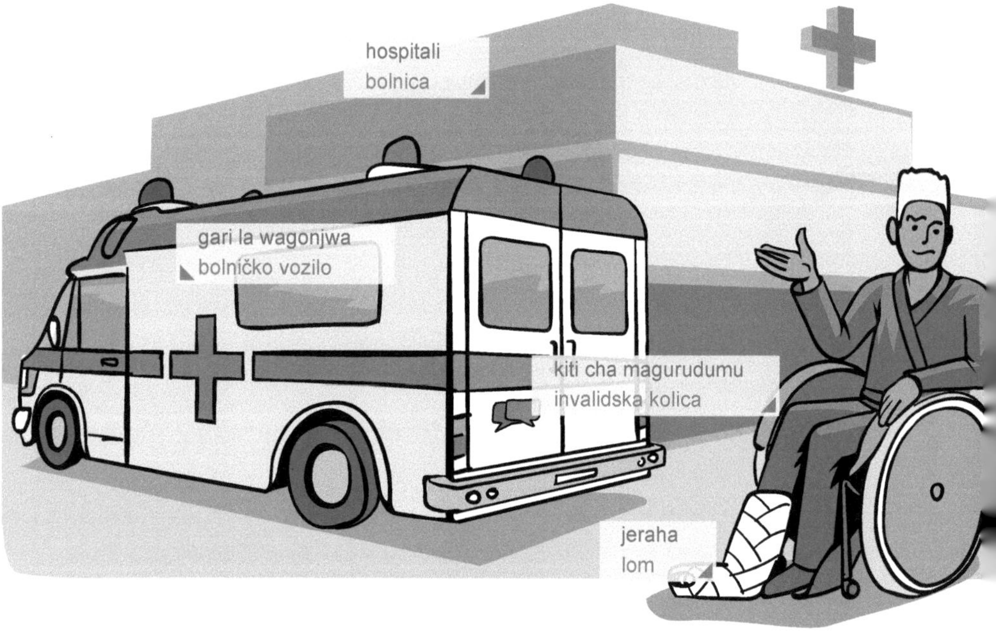

hospitali
bolnica
gari la wagonjwa
bolničko vozilo
kiti cha magurudumu
invalidska kolica
jeraha
lom

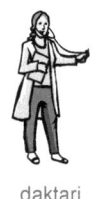

daktari

lekar

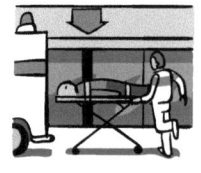

chumba cha dharura

hitna medicinska služba

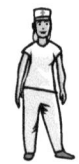

muuguzi

medicinska sestra

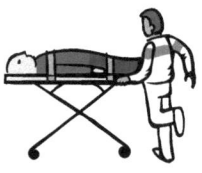

dharura

hitni slučaj

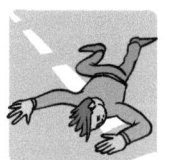

kupoteza fahamu

nesvest

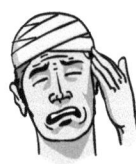

maumivu

bol

kuumia

povreda

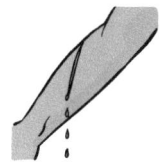

kutokwa na damu

krvarenje

mshtuko wa moyo

srčani udar

kiharusi

udar

mzio

alergija

kikohozi

kašalj

homa

groznica

mafua

gripa

kuharisha

proliv

maumivu ya kichwa

glavobolja

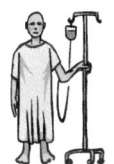

kansa

rak

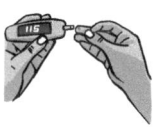

ugonjwa wa kisukari

dijabetes

daktari mpasuaji

hirurg

kisu kidogo cha kupasulia

skalpel

operesheni

operacija

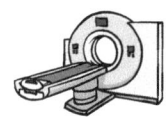

picha changanufu ya mwili

ct

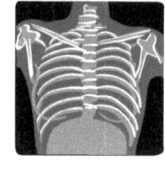

Eksrei

rentgen

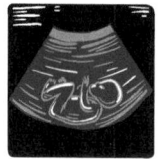

mawimbi sauti

ultrazvuk

barakoa ya uso

maska

ugonjwa

bolest

chumba cha kusubiri

čekaona

mkongojo

štaka

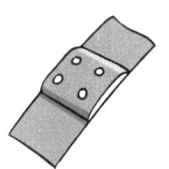

plasta

flaster

bendeji

zavoj

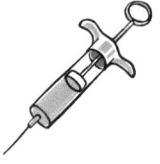

sindano

injekcija

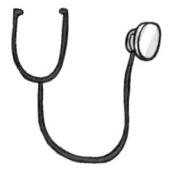

stetoskopu

stetoskop

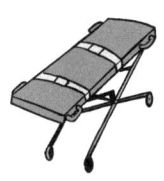

machela

nosila

kipimajoto cha kliniki

termometar

kuzaliwa

rođenje

unene kupita kiasi

prekomerna težina

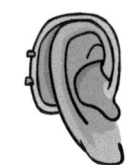

kusikia misaada
slušni aparat

kipukusi
sredstvo za dezinfekciju

maambukizi
infekcija

virusi
virus

VVU / UKIMWI
HIV / AIDS

dawa
medicina

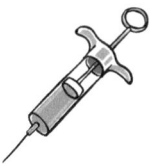

chanjo
vakcinacija

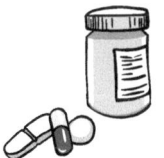

vidonge
tablete

kidonge
pilula

simu ya dharura
hitni poziv

haemodainamometa
uređaj za merenje pritiska

mgonjwa / mwenye afya
bolesno / zdravo

Msaada!

pomoć!

kengele

alarm

pigo

nasrtaj

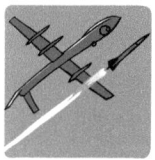

shambulizi

napad

hatari

opasnost

lango la dharura

izlaz u slučaju nužde

Moto!

požar!

kizima moto

protivpožarni aparat

ajali

nezgoda

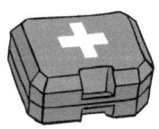

vifaa vya huduma ya kwanza

kutija prve pomoći

wito wa msaada

sos

polisi

policija

Ulaya

Evropa

Amerika ya Kaskazini

Severna Amerika

Amerika ya Kusini

Južna Amerika

Afrika

Afrika

Asia

Azija

Australia

Australija

Atlantiki

Atlantik

Pasifiki

Pacifik

Bahari ya Hindi

Indijski okean

Bahari ya Antaktiki

Antarktički okean

Bahari ya Aktiki

Arktički ocean

Ncha ya Kaskazini

Severni pol

Ncha ya Kusini
Južni pol

Antaktika
Antarktik

dunia
zemlja

nchi
zemlja

bahari
more

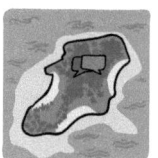

kisiwa
otok

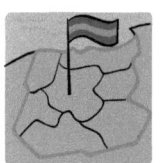

taifa
nacija

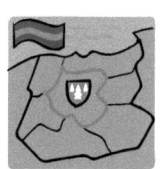

jimbo
država

uso wa saa

brojčanik sata

akrabu ya saa

satna kazaljka

akrabu ya dakika

minutna kazaljka

akrabu ya sekunde

sekundna kazaljka

Ni saa ngapi?

Koliko je sati?

siku

dan

wakati

vreme

sasa

sada

saa ya dijitali

digitalni sat

dakika

minuta

saa

čas

Jumatatu
ponedeljak

Jumatano
sreda

Ijumaa
petak

Jumamosi
subota

Jumanne
utorak

Alhamisi
četvrtak

Jumapili
nedelja

jana
juče

leo
danas

kesho
sutra

asubuhi
jutro

saa sita mchana
podne

jioni
veče

siku za biashara
radni dani

mwishoni mwa wiki
vikend

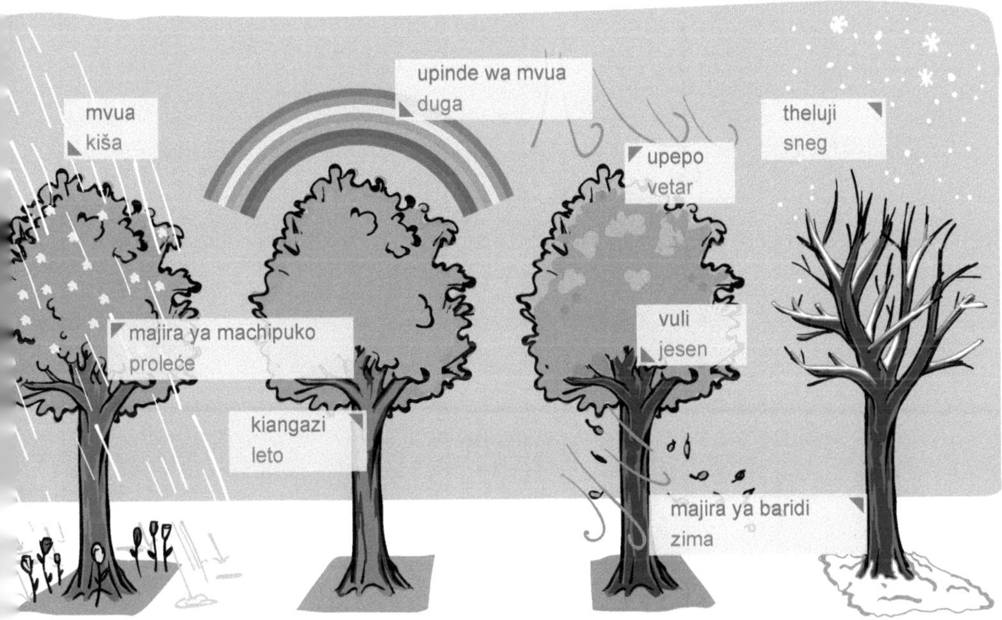

upinde wa mvua
duga
mvua
kiša
theluji
sneg
upepo
vetar
majira ya machipuko
proleće
vuli
jesen
kiangazi
leto
majira ya baridi
zima

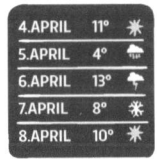

4.APRIL 11°
5.APRIL 4°
6.APRIL 13°
7.APRIL 8°
8.APRIL 10°

abiri wa hali ya hewa

eteorološka prognoza

F C
120 40
90 30
60 20
30 10
0 0
-30 -10
-20

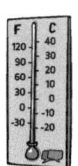

kipimajoto

termometar

mwanga wa jua

sunčana svetlost

wingu

oblak

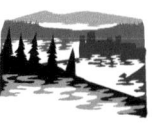

ukungu

magla

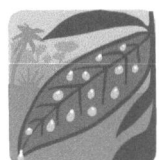

unyevu

vlažnost vazduha

umeme

munja

radi

grmljavina

dhoruba

oluja

mvua ya mawe

tuča

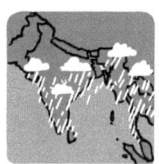

monsuni

monsun

mafuriko

poplava

barafu

led

Januari

januar

Februari

februar

Machi

mart

Aprili

april

Mei

maj

Juni

juni

Julai

juli

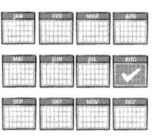

Agosti

avgust

mwaka - godina

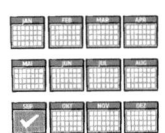

Septemba

septembar

Oktoba

oktobar

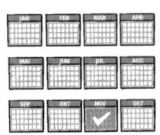

Novemba

novembar

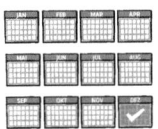

Desemba

decembar

maumbo
oblici

mduara

krug

mraba

kvadrat

mstatili

pravougao

pembetatu

trougao

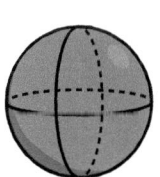

nyanja

kugla

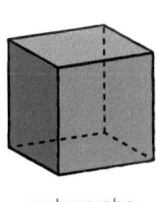

mchemraba

kocka

nyeupe

bela

manjano

žuta

chungwa

narandžasta

rangi ya waridi

ružičasta

nyekundu

crvena

hudhurungi

ljubičasta

bluu

plava

kijani

zelena

hanja

smeđa

jivujivu

siva

nyeusi

crna

mengi / kidogo

mnogo / malo

hasira / pole

ljutito / mirno

nzuri / mbaya

lepo / ružno

mwanzo / mwisho

početak / kraj

kubwa / ndogo

veliko / maleno

angavu / giza

svetlo / tamno

kaka / dada

brat / sestra

safi / chafu

čisto / prljavo

kamilika / tokamilika

potpuno / nepotpuno

siku / usiku

dan / noć

wafu / hai

mrtvo / živo

pana / nyembamba

široko / usko

kulika / kutolika

jestivo / nejestivo

ovu / ema

zlo / dobro

sisimkwa / udhika

uzbuđeno / dosadno

nene / nyembamba

debelo / mršavo

kwanza / mwisho

na početku / na kraju

rafiki / adui

prijatelj / neprijatelj

jaa / tupu

puno / prazno

ngumu / laini

tvrdo / mekano

nzito / nyepesi

teško / lagano

njaa / kiu

glad / žeđ

mgonjwa / mwenye afya

bolesno / zdravo

haramu / kisheria

ilegalno / legalno

akili / kijinga

pametno / glupo

kushoto / kulia

levo / desno

karibu / mbali

blizu / daleko

mpya / kutumika

novo / polovno

kitu / jambo

ništa / nešto

zee / changa

staro / mlado

waka / zima

uključeno / isključeno

wazi / fungwa

otvoreno / zatvoreno

utulivu / kelele

tiho / glasno

tajiri / masikini

bogato / siromašno

sahihi / kosa

tačno / pogrešno

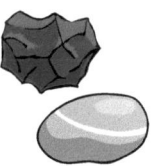

mbaya / laini

hrapavo / glatko

huzunika / furahia

tužno / sretno

fupi /ndefu

kratko / dugo

polepole / haraka

polako / brzo

nyevu / kavu

mokro / suho

joto / baridi

toplo / hladno

vita / amani

rat / mir

0

sufuri

nula

1

moja

jedan

2

mbili

dva

3

tatu

tri

4

nne

četiri

5

tano

pet

6

sita

šest

7

saba

sedam

8

nane

osam

9

tisa

devet

10

kumi

deset

11

kumi na moja

jedanaest

12

kumi na mbili

dvanaest

13

kumi na tatu

trinaest

14

kumi na nne

četrnaest

15

kumi na tano

petnaest

16

kumi na sita

šestnaest

17

kumi na saba

sedamnaest

18

kumi na nane

osamnaest

19

kumi na tisa

devetnaest

20

ishirini

dvadeset

100

mia

stotinu

1.000

elfu

hiljadu

1.000.000

milioni

milion

Kiingereza

engleski

Kiingereza cha Marekani

američki engleski

Kimandarini cha Uchina

mandarinski kineski

Kihindi

hindski

Kihispania

španski

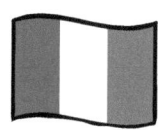

Kifaransa

francuski

Kiarabu

arapski

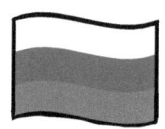

Kirusi

ruski

Kireno

portugalski

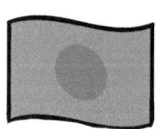

Kibengali

bengalski

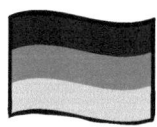

Kijerumani

nemački

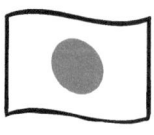

Kijapani

japanski

mimi
ja

wewe
ti

yeye / yeye / ni
on / ona / ono

sisi
mi

wewe
vi

wao
oni

nani?
Ko?

nini?
Šta?

jinsi gani?
Kako?

wapi?
Gde?

lini?
Kada?

jina
ime

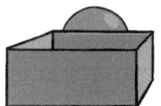

nyuma

iza

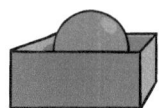

katika

u

mbele ya

ispred

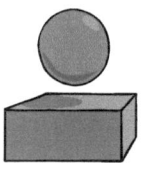

juu ya

preko

kwenye

na

chini ya

ispod

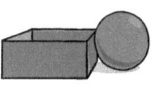

kando

pored

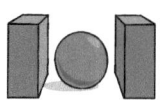

kati

između

mahali

mesto